BEI GRIN MACHT SICH IHR WISSEN BEZAHLT

Romy Diezel

Kommunale Familienpolitik - Familienzentren

GRIN Verlag

Bibliografische Information der Deutschen Nationalbibliothek:

Die Deutsche Bibliothek verzeichnet diese Publikation in der Deutschen National-
bibliografie; detaillierte bibliografische Daten sind im Internet über http://dnb.d-
nb.de/ abrufbar.

Impressum:

Copyright © 2010 GRIN Verlag, Open Publishing GmbH
Druck und Bindung: Books on Demand GmbH, Norderstedt Germany
ISBN: 978-3-640-91966-6

Dieses Buch bei GRIN:

http://www.grin.com/de/e-book/172153/kommunale-familienpolitik-familienzentren

GRIN - Your knowledge has value

Der GRIN Verlag publiziert seit 1998 wissenschaftliche Arbeiten von Studenten, Hochschullehrern und anderen Akademikern als eBook und gedrucktes Buch. Die Verlagswebsite www.grin.com ist die ideale Plattform zur Veröffentlichung von Hausarbeiten, Abschlussarbeiten, wissenschaftlichen Aufsätzen, Dissertationen und Fachbüchern.

Besuchen Sie uns im Internet:

http://www.grin.com/

http://www.facebook.com/grincom

http://www.twitter.com/grin_com

Hochschule Vechta   University of Vechta · Germany

Schriftliche Ausarbeitung
zu dem Referat
„kommunale Familienpolitik- Familienzentren"
Im Modul PR- 4

Institut für Soziale Arbeit, Bildungs- und Sportwissenschaften
Vechta 2010

Eingereicht von: Diezel, Romy

Eingereicht am: 15.09.2010

Inhaltsverzeichnis

Abbildungsverzeichnis

1   Einleitung

Nach dem Grundgesetz sind Bund, Länder und Gemeinden dazu verpflichtet, Ehe und Familie unter besonderen Schutz zu stellen. Ferner sind Familien in ihren Funktionen für Kommunen auch bedeutende Leistungsträger. So erfüllen sie durch tägliche Konsumentscheidungen eine wichtige wirtschaftliche Funktion, tragen zum Erhalt des Humanvermögens bei, bieten eine unerlässliche Sozialisationsfunktion und vermitteln dadurch den kommenden Generationen die Fähigkeit eines solidarischen Lebens innerhalb der Gesellschaft. Die Familie ist demzufolge ein essenzieller Motor für die Kommune und benötigt gerade bei erodierenden Bevölkerungszahlen besondere Unterstützung. Anders als Bund und Länder erleben Kommunen Familien vor Ort und können dort gezielt auf Probleme reagieren.

Dabei stellt sich die Frage, warum gerade in der heutigen Zeit ein besonders großer Wert auf kommunale Familienpolitik gelegt werden muss? In dieser schriftlichen Ausarbeitung sollen, neben den Zielen, Aufgaben und Möglichkeiten der Familienpolitik, die Erscheinungsformen des Wandels der Familie in Deutschland genauer beleuchtet werden. Des Weiteren werden zwei familienpolitische Maßnahmen kurz vorgestellt.

2   Kommunale Familienpolitik

2.1   Definition und Zuständigkeiten

Aufgrund der großen Bedeutung der Familie für die Gesellschaft, die sie insbesondere durch die Reproduktions-, Sozialisations- und Enkulturationsfunktion hat, ist sie schon lange ein Adressat politischer Maßnahmen. Diese werden seit Anfang dieses Jahrhunderts unter dem Begriff "Familienpolitik" zusammengefasst. Dieser Fachausdruck bezeichnet das bewusste, zielgerichtete und planvolle Einwirken von Bund, Ländern und Gemeinden, Unternehmen und Tarifpartnern, öffentlichen und freien Trägern der Wohlfahrtspflege, Kirchen, Selbsthilfegruppen und vielen anderen Organisationen auf die rechtliche, wirtschaftliche und soziale Lage von Familien.[1] Unter kommunaler Familienpolitik versteht man familienpolitische Maßnahmen einer

---

[1] vgl. Kaufmann 1990; Textor 1991; Wingen 1997

Kommune (oder Gemeinde), die familienpolitische Vorgaben der Bundes- und Landesebene weiter ausgestaltet.

2.2 Rechtlicher Rahmen

Nach dem Artikel 6 des Grundgesetzes (GG) stehen Ehe und Familie unter dem besonderen Schutze der staatlichen Ordnung. Somit sind Bund, Länder und Gemeinden dazu verpflichtet, die Familie unter den besonderen Schutz der staatlichen Ordnung zu stellen und Familien zu schützen und zu fördern. Den Gemeinden wird nach Artikel 28 Absatz 2 des Grundgesetzes (GG) das Recht gewährleistet, alle Angelegenheiten der örtlichen Gemeinschaft im Rahmen der Gesetze in eigener Verantwortung zu regeln. Dies weist den Gemeinden das Recht zu, ihre Angelegenheiten innerhalb des vorgegebenen rechtlichen Rahmens in eigener Verantwortung zu regeln (kommunale Selbstverwaltung). Die Grenze dieser Zuständigkeit liegt in ausdrücklichen gesetzlichen Verboten für gemeindliche Eigeninitiativen oder in abschließenden Regelungen mit Sperrwirkung, welche Bund und Länder erlassen haben.[2]

2.3 Aufgaben

Familienpolitische Aufgaben sind im Wesentlichen die Sicherung der Generationenfolge, die zentrale Erziehungs- und Bildungsfunktion und damit die Sicherung des „Humanvermögens" einer Gesellschaft, die fürsorgende Funktion und damit die Deckung der elementaren Grundlagen der Familienmitglieder, sowie die Stärkung der Solidarität zwischen den Generationen.[3]

Kommunale Familienpolitik besteht zum größten Teil aus Pflichtaufgaben aufgrund bundes- oder ländergesetzlicher Zuweisungen.[4] So erfüllen Kommunen familienpolitische Aufgaben, weil sie ihnen von staatlichen Stellen übertragen worden sind (z.B. Kinder- und Jugendhilfe, Sozialhilfe, kommunale Leistungen nach dem SGB II und SGB VIII) und weil sie im Zuge der Selbstverwaltung dazu verpflichtet sind (Kindergartenplätze, Erziehungsberatung). Darüber hinaus können sie auch freiwillig selbst initiativ werden. Freiwillige Leistungen können materieller Natur sein, beispielsweise familiengerechte Gebühren oder Vergünstigungen einzuführen, oder in

---

[2] Vgl. Dienel, Christiane, 2002, S. 142
[3] Vgl. ebd., S. 36
[4] Vgl. ebd., S. 142

immateriellen Angeboten liegen, wie beispielsweise kostenlose Spielsachen für Kinder bereit zu stellen.

Der Schwerpunkt kommunaler Familienpolitik liegt vor allem bei nichtmonetären Leistungen durch Realtransfers und die Schaffung und Erhaltung eines förderlichen Lebensumfeldes für Familien. Familienpolitik schafft Vorraussetzungen für die Vereinbarkeit zwischen der Gründung einer Familie und anderen Optionen.

„Kommunale Familienpolitik hat dabei grundsätzlich den Auftrag, eine verlässliche und bedarfsgerechte soziale Infrastruktur in der Kommune bereitzustellen und darüber hinaus die Situation von Familien in besonderen Lebenslagen in den Bedarfsplanungen angemessen zu berücksichtigen." (Schmidt, Nora, 2006, S. 60) .

2.4 Ziele

„Kommunale Familienpolitik hat zum Ziel, in Gemeinden, Städten, einzelnen Stadtbezirken und Wohngebieten eine Infrastruktur zu schaffen und zu unterstützen, die Familien bei der Erfüllung ihrer familienbezogenen Aufgaben stärkt." (Klein Alexandra, Das Familienhandbuch des Staatsinstituts für Frühpädagogik (IFP))

Aufgrund der unterschiedlichen Umsetzung kommunaler Familienpolitik in den Gemeinden können hier keine weiteren klar und einheitlich definierten Ziele erarbeitet werden. Kommunale Familienpolitik sollte jedoch zum Ziel haben, Familien bei der Bewältigung ihrer spezifischen Aufgaben zu stärken und das familiäre Leben so lebenswert wie möglich zu gestalten.

2.5 Wichtige Bereiche kommunaler Familienpolitik

Aufgaben und Ziele kommunaler Familienpolitik können in Handlungsfelder eingeteilt werden.

Diese Handlungsfelder können in folgende Bereiche zusammengefasst werden:

- Bauen und Wohnen (z.B. Baulandvergabe, Mehr-Generationen-Wohnen, Bau- und Wohnungsplanung),
- Erziehung und Betreuung von Kindern (z.B. Kindergarten, Hort, Hausaufgabenbetreuung, Schülermittagstisch),
- Spielen und Freizeit (z.B. Spielplätze, Gestaltung von Plätzen,

Ferienprogramm),

- Verkehrswesen (z.B. Schulwegeplan, Verkehrsberuhigung, Kinderstadtplan, Spielstraßen),
- Familienberatung und Familienbildung (z.B. Informationsbroschüren, Volkshochschulen, Elternbriefe, Kurse, Seminare),
- wirtschaftliche/ finanzielle Angebote für Familien (z.B. Familienpass, Hilfe in Notfällen, familiengerechte Staffelung von Gebühren),
- Verwaltung und Politik (z.b. Spielecke im Rathaus, Familienförderplan für Verwaltungsangehörige),
- familienunterstützende Betreuungsangebote für Seniorinnen und Senioren und pflegebedürftige Personen und ihre Angehörigen (z.b. Betreutes Wohnen, ambulante Dienste, Begegnungsstätten),
- Bildung und Kultur (z.B. Kinder- und Jugendbibliothek, Musikschule, Kinderkulturfest) sowie
- Treffpunkte für Familien (z.b. Familienzentrum, Familiencafé, Spielgruppe).[5]

3 Erscheinungsformen des Wandels der Familie in Deutschland

Gesellschaften sind in ihrer Entwicklung ständigen Schwankungen und Umstrukturierungen unterworfen. In einer Zeit, die durch raschen technologischen und gesellschaftlichen Wandel geprägt ist, bleiben auch die Formen familiären Zusammenlebens von Veränderungen nicht unberührt. In der Diskussion um diesen Veränderungsprozess sprechen eine Reihe von Wissenschaftlern von Auflösungstendenzen oder vom Funktionsverlust der Familie und sehen darin eine wesentliche Ursache für steigende Kriminalität, Drogenmissbrauch und psychische Erkrankungen. Andere begreifen die Veränderungserscheinungen der Familie als einen notwendigen Anpassungsprozess an die gewandelten Lebensumstände der Moderne, der die Qualität zwischenmenschlicher Beziehungen auf eine neue Basis stellt und es somit der nachwachsenden Generation erleichtert, die Herausforderungen der Zukunft zu bewältigen. Doch ganz gleich welche Auffassung vertreten wird, Fakt ist, dass die Bundesrepublik Deutschland hierbei vor einer Großzahl von Problemen steht und diese eine bedeutende Herausforderung für die kommunale Familienpolitik darstellt.

Der Wandel der Familie kann hierbei in vier Dimensionen betrachtet werden.

---

[5] http://www.familienhandbuch.de/cmain/f_Programme/a_Familienpolitik/s_626.html

3.1 Äußere Strukturmerkmale der Lebensformen

Bei den Erscheinungsformen des Wandels der Familie kann festgestellt werden, dass die offensichtlichste Entwicklung in den äußeren Strukturmerkmalen der Lebensformen liegt. Sehr beachtlich hierbei ist die Verringerung der Haushaltsgröße auf durchschnittlich 2,1 Personen je Haushalt im Jahr 2004 und dem ausgeprägtem Rückgang von Haushalten, in denen Kinder leben. Derzeit wird davon ausgegangen, dass circa in zwei von drei Haushalten in Deutschland ausschließlich Mitglieder einer Generation leben.[6] Des Weiteren wird in der Literatur von einer erheblichen Verbreitung von dem neuzeitlichem Partnerschaftsmodell „Fernbeziehung" gesprochen. Fernbeziehungen lassen sich zusammenfassen in „längerfristig bestehende Partnerschaften, in denen die Partner nicht zusammen wohnen" (Schmidt, N., 2006, S. 24).

Die weiter unten aufgezeigte Grafik soll diese Veränderungen genauer aufzeigen. In dieser Grafik werden Lebensformen von 25- bis unter 45-Jährigen in Deutschland im Jahr 2003 aufgeschlüsselt.

Lebensform	Insgesamt
Ledige Kinder, bei den Eltern lebend	7,2
Verheiratete Elternteile mit Kindern im Haushalt	47,7
Nicht verheiratete Elternteile mit Kindern im Haushalt	4,2
Homosexuelle Elternteile mit Kindern im Haushalt	0,04
Allein Erziehende, darunter: mit Partner in Fernbeziehung	5,1
Kinderlose Ehepartner	10,0
Kinderlose, nicht verheiratete Partner	6,9
Kinderlose, homosexuelle Partner	0,23
Allein Wohnende ohne Partner	11,6
Allein Wohnende mit Partner in Fernbeziehung	5,7
Sonstige Lebensformen	1,4
Insgesamt	100
N (in Mio.)	23.864

Abb. 1: Lebensformen in Deutschland

---

[6] Vgl. Schmidt, N., 2006, S. 24

8

Hier wird deutlich, dass zwar die weitaus häufigste Lebensform in der ehelichen Kernfamilie liegt, jedoch ein Bedeutungsverlust dieser Lebensform vorliegt.

3.2 Binnenstrukturen der Lebensformen

Neben den Veränderungen der äußeren Strukturmerkmale besteht eine weitere Veränderung in der Binnenstruktur der Lebensformen. Es lässt sich feststellen, dass es bedeutende Veränderungen in der Beziehungsgestaltung in der Familie gibt, das heißt in der Beziehung zwischen den Partnern und zwischen den Eltern und den Kindern. Noch im 18. Jahrhundert war die Grundlage der Eheschließung überwiegend materieller Natur mit dem Ziel der materiellen Absicherung, wobei Gefühle der Liebe oder Zuneigung nicht ausgeschlossen waren, jedoch nicht die Basis einer Eheschließung dar stellten.[7] Das Verhältnis der Partner war aufgabenorientiert und beide Ehepartner waren materiell völlig aufeinander angewiesen. In der heutigen Gesellschaft basiert das Verhältnis zwischen den Partnern auf einer, auf die persönliche Befriedigung ausgerichteten, beziehungsorientierten Partnerschaft, „die nur dann Bestand hat, wenn sie als zufrieden stellend bewertet wird und keine besseren Alternativen erkennbar sind" (Schmidt, N., 2006, S. 25). Dabei stellt sich die Frage, was überhaupt eine gute Partnerschaft ausmacht oder charakterisiert, wobei die Maßstäbe von Experten und Ratgebern immer höher geschraubt werden und neue Leitgedanken von Familie, Partnerschaft und Elternschaft entstehen. Ein schneller Abbruch einer Beziehung oder erst gar keine ernsthafte Beziehung eingehen kann hier als Folge genannt werden. Als ein Beschleuniger dieses Vorganges kann das Spannungsfeld zwischen den hohen Erwartungen an Partnerschaft und Elternschaft und den wachsenden Anforderungen an Verfügbarkeit und Mobilität am Arbeitsplatz gesehen werden. Vor allem aber an der Vereinbarkeit zwischen Familie und Beruf.

Im 18. Jahrhundert waren die Hauptanforderungen an eine Frau die der Rolle als Gattin und Hausfrau und sie zeichnete sich durch ihre Arbeitsfähigkeit aus. Auch sollte sie Kinder gebären können, jedoch waren mütterliche Fähigkeiten kein bedeutsames Thema. Die Kinder wurden teilweise schon im Alter von 4 Jahren mit in die alltäglichen Arbeiten mit eingebunden und die Beziehung zu den Kindern war stark durch ihre ökonomische Bedeutung geprägt. Oftmals wurden Kinder schon im Alter von 7 Jahren weggegeben um in den Dienst von Anderen, ihnen oft ganz fremden Leuten zu gehen.

---

[7] Vgl. Hans Böckler Stiftung, S. 14 ff.

Die Kinder waren den Eltern und anderen, in dem Haushalt lebenden, erwachsenen Personen völlig untergeordnet.[8] In der heutigen Gesellschaft ist zunehmend eine Emanzipation der Kinder zu beobachten. Kinder sind weitgehend gleichberechtigte Partner ihrer Eltern. In der Eltern- Kind- Beziehung steht heute das Wohl des Kindes im Mittelpunkt, wodurch eine Elternschaft anspruchsvoller geworden ist. Damit einhergehend kann eine starke Pädagogisierung der Elternrolle beobachtet werden. Durch diese wachsenden Anforderungen an die Elternrolle und oftmals geringen Vorbereitungen dieser, kommt es vielfach zu Überforderungen der Eltern.[9] „Die daraus erwachsenden Probleme sind augenfällig: Auf der einen Seite verhätschelte Wunschkinder, auf der anderen Seite vernachlässigte Kinder mit schlechten Entwicklungsperspektiven." (Schmidt, N., 2006, S. 27)

3.3 Familienentwicklung

Bei der Familienentwicklung sind sehr nachhaltige Veränderungen zu beobachten. „Ehen werden immer später geschlossen und die Familiengründung, wenn sie überhaupt statt findet, erfolgt in Deutschland immer später." (Schmidt, N., 2006, S. 27)

Es wurde festgestellt, dass derzeit jeder Fünfte dauerhaft ledig bleibt.

Das Durchschnittsalter der ersten Heirat stieg seit dem Jahr 1975 um über 6 Jahre an. Das durchschnittliche Alter der Erstheirat bei Männern im Jahr 2004 lag bei 32,4 Jahren und bei Frauen bei einem Alter von 29,4 Jahren.[10]

Frauen gebaren ihr erstes Kind im Jahre 2004 mit einem Durchschnittsalter von 29 Jahren. Im Vergleich zum Jahre 1984 erfolgte die erste Geburt somit durchschnittlich fast fünf Jahre später.

Als mögliche Ursache für die späte Eheschließung und Familiengründung kann hierfür die längere Verweildauer im Bildungssystem gesehen werden und die damit verbundene ökonomische Unabhängigkeit. Meist werden Familien erst nach einer sicher erscheinenden beruflichen Position gegründet, immer häufiger geschieht dies erst im vierten Lebensjahrzehnt. Dabei könnte man spekulieren, ob dies an den hohen gesellschaftlichen Anforderungen an Partnerschaft und Elternschaft liegen könnte. Gerade bei Akademikerinnen ist festzustellen, dass dies sogar erst mit Anfang des fünften Lebensjahrzehnts statt findet. Hierbei wäre anzumerken, dass es auf der

---

[8] Vgl. Hans Böckler Stiftung, S. 10ff.
[9] Vgl. Schmidt, N., 2006, S. 27
[10] Vgl. ebd.

biologischen Ebene für Frauen immer schwerer und risikoreicher wird, ein Kind zu bekommen und diese somit oftmals mit einer ungewollten Kinderlosigkeit konfrontiert werden.[11]

Der Vollständigkeit halber wäre an dieser Stelle die hohe Scheidungsquote zu nennen. Statistische Zahlen belegen, dass diese langfristig gestiegen ist. Mit dem Blick auf die 1960er Jahre lässt sich noch eine Stigmatisierung von Scheidungen erkennen, mit sozialen und persönlichen Folgen der Partner. Eine Ehetrennung wurde gleichgesetzt mit einem persönlichen Scheitern. In der heutigen Gesellschaft sind Scheidungen entdiskriminiert, sozial akzeptiert und in einer gewissen Weise Normalität. Im Jahr 2004 wurden circa 214.000 Ehen geschieden mit der Tendenz steigend und der Annahme, dass jede dritte Ehe geschieden wird. Unter dieser Scheidungsquote im Jahr 2004 befinden sich 167.000 minderjährige Kinder, die von der Scheidung ihrer Eltern betroffen sind. Meist geraten diese Kinder in ein seelisches Ungleichgewicht, hervorgerufen durch ein sehr konflikthaftes Familienleben vor, während und nach der Scheidung, jedoch in Abhängigkeit von Alter, Geschlecht und der Art, wie die Eltern mit ihren Kindern während des ganzen Scheidungsprozesses umgehen.[12]

3.4 Subjektive Wertschätzungen von Familie und Partnerschaft

Im Hinblick auf die Wertschätzung von Familie und Partnerschaft hat sich in Deutschland nur wenig verändert. Dem Deutschen ist, neben der Gesundheit, nichts wichtiger als ein gutes Familienleben. Das Statistische Bundesamt konnte hierfür belegen, dass 75 Prozent aller Volljährigen Personen den Lebensbereich Familie als sehr wichtig für ihr subjektives Wohlbefinden erachten. Auch bei den Jüngeren ließ sich feststellen, dass der überwiegende Teil später in einer Partnerschaft leben und Kinder haben möchte. Dem entgegen steht die Studie des Bundesministeriums für Bevölkerungsforschung aus dem Jahr 2005. Hierfür wurden Frauen und Männer im Alter von 20- 39 Jahren nach ihren Kinderwünschen befragt. Das Ergebnis deutet auf eine wachsende Distanz zu Kindern und Elternschaft, da 26 Prozent der befragten Männer und 14,4 Prozent aller befragten Frauen bekundeten, kinderlos bleiben zu wollen. Hierbei müsste jedoch in verschiedene Bereiche unterschieden werden, wie beispielsweise die angehörige Statusgruppe, soziale, regionale und ethnische Lage. Sehr

---

[11] Vgl. ebd., S. 27
[12] Vgl. ebd., S 27-28

beachtlich ist zudem die höhere Geburtenrate bei in Deutschland lebenden Eltern mit ausländischer Staatsangehörigkeit. Deutsche Frauen bekommen durchschnittlich 1,3 Kinder, wohingegen in Deutschland lebende Frauen mit ausländischer Staatsangehörigkeit durchschnittlich 1,8 Kinder bekommen.[13] „In einigen Großstädten, z.b. Bremen, haben mehr als 40 Prozent aller unter 18- Jährigen einen Migrationshintergrund."(Schmidt, N., 2006, S. 30) Diese Kinder sind in vielerlei Hinsicht benachteiligt, sei es beim Schulerfolg, im Freizeitsektor, der beruflichen Laufbahn oder vielen anderen Lebensbereichen.[14]

3.5 Ursachen

Eine Ursache des Wandels der Familie liegt in der Emanzipation, der Veränderung der Rolle und der stärkeren Bildungsbeteiligung der Frau.[15] „Die Frau ist ökonomisch selbständig und zur Sicherung ihrer sozialen Position nicht mehr auf Ehe und Mutterschaft verwiesen." (Schmidt, N., 2006, S. 32) Eine weitere Ursache lässt sich in der Auflösung traditioneller Zugehörigkeiten und Verbindlichkeiten und dem damit verbundenen Bedeutungsverlust sozialer Kontrollinstanzen finden. Es fand ein Wandel sozialer Normen und eine Zunahme potenzieller Handlungsoptionen statt, mit der darauf folgenden Individualisierung eines jeden Einzelnen. So, beispielsweise, war es noch vor ein paar Jahrzehnten sehr schwer bis schier unmöglich aufgrund sozialer Stigmatisierung öffentlich eine homosexuelle Beziehung führen zu können.[16] Des Weiteren werden die Zunahme der Lebenszeit und dadurch bedingte Änderungen im Lebens- (oder Familien-) zyklus genannt. Man kann sagen, dass die Phase der nachelterlichen Gefährtenschaft circa 20 Jahre ausmacht. Dies bedeutet, dass die Partnerbeziehung nicht mehr nur auf die Betreuung von Kindern zentriert werden kann, sondern eine große Bedeutung auf der nachelterlichen Zeit liegt. Ergänzend könnte man die Mobilität nennen, sei es durch die Telekommunikation, Internet, Auto oder Flugzeug.

---

[13] Vgl. ebd., S. 29- 30
[14] Vgl. ebd., S. 30
[15] Vgl. ebd, S. 32
[16] Vgl. ebd.

12

3.6 Folgen

In den Medien sind häufig Berichte über Gewalt an Schulen, Alkohol- und Drogenmissbrauch, Ausländerfeindlichkeit, Antisemitismus und Politikverdrossenheit, über Kindesmisshandlungen, Rabenmütter und -väter, die ihre Kinder verwahrlosen lassen, Werteverfall u. a. m. zu lesen. Es wird vom Ende der Ehe und Familie sowie der Erziehung, vom Verfall der Familie, von der Familie als Auslaufmodell, von Patchworkfamilien, von dramatischen Auflösungserscheinungen in den privaten Beziehungen und von der Ausbreitung konsumorientierter und egozentrischer Singles gesprochen. Kurz gesagt, der Familie wird eine düstere Zukunft prognostiziert. Die daraus resultierenden gesamtgesellschaftlichen Konsequenzen seien verheerend.

Vor allem Lehrer beklagen sich über Konzentrationsschwächen, Anpassungs- schwierigkeiten, Verweigerungen, Verhaltensstörungen, zunehmende Aggressivität und Gewalt gegenüber Mitschülern u. a. m. Schuld daran sind nach Meinung vieler Lehrer kaputte Familienverhältnisse und die daraus resultierenden negativen Folgen für die Erziehung. Zudem kämen viele Eltern mit ihren Kindern nicht mehr klar. Sie seien verunsichert, was richtig und was falsch für ihre Kinder sei. Insbesondere alleinerziehende Mütter seien mit ihrer Rolle überfordert.

Die steigenden Scheidungszahlen, die abnehmende Geburtenrate, die Zunahme der Einpersonenhaushalte und die steigende Zahl alleinerziehender Eltern wird in der Öffentlichkeit als Indiz genommen, dass die Familie und deren Erziehung, um es milde auszudrücken, in die Krise geraten sind. Es ist die Rede davon, dass sich die Gesellschaft zu einer Gesellschaft von egozentrischen Einzelkindern entwickele. Zudem wird eine defizitäre Vorstellung von der Ein-Eltern-Familie vermittelt, deren Kinder geradezu für Entwicklungsschäden prädestiniert seien. Es wird die Meinung vertreten, dass eben diese nicht existierenden und kaputten Familien die allererste Ursache für die zunehmende Gewaltbereitschaft, Kriminalität und Devianz von Kindern und Jugendlichen seien.

In der Familienpolitik wie auch in der Öffentlichkeit wird die sinkende Geburtenrate vor allem in Hinblick auf die in Zukunft zu erwartenden Probleme mit den sozialen Versicherungssystemen, dem Bildungssystem, dem Arbeitsmarkt, der Altenpflege und mit den verschiedensten gesellschaftlichen Infrastruktureinrichtungen diskutiert.[17]

---

[17] Vgl. ebd., S. 33

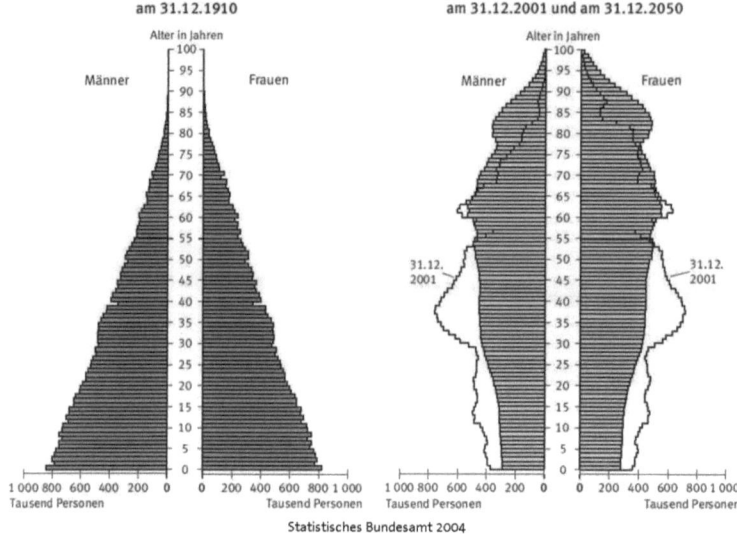

Abb. 2: Demographischer Wandel

4 Schlussbetrachtung

Wie aus den, zum Teil überspitzten, Folgen des Wandels der Familie ersichtlich wird, birgt dieser Wandel große gesellschaftspolitische Herausforderungen. Dabei müssen sich Institutionen und Organisationen, die mit Familien in Verbindung stehen, ändern. Beispiele wären hierfür öffentliche Kinderbetreuungseinrichtungen und deren Öffnungszeiten, das öffentliche Bildungswesen, kommunale Infrastrukturen und Unternehmen, die deren familialen Pflichten und Bedürfnissen zuwiderlaufen. Auch die Wirtschaft muss sich im Klaren werden, dass die Problematik der Vereinbarkeit von Familie und Beruf nicht nur Problem der Beschäftigten ist, sondern auch bald der Wirtschaft.

Um den Folgen des Wandels der Familie positiv zu begegnen bedarf es einer integrierten, zielorientierten und strategisch ausgerichteten kommunalen Familienpolitik, die zukünftig weiter an Bedeutung gewinnen wird.[18]

---

[18] Vgl. ebd., S. 34

5 Umsetzung kommunaler Familienpolitik

Um an diesen Problemen anzusetzen errichten Kommunen verschiedene Einrichtungen und leiten Projekte ein. Die wesentlichen Aufgaben der Umsetzung bestehen darin Familien zu informieren, zu beraten und zu unterstützen, Familie und Beruf zu vereinbaren, Familienfreundlicher zu wohnen, Sich für und mit Familien zu engagieren, die Integration zu stärken, Familien finanziell zu entlasten und Generationen zusammenzuführen.

Am Beispiel eines Familienzentrums könnte dies wie folgt aussehen:

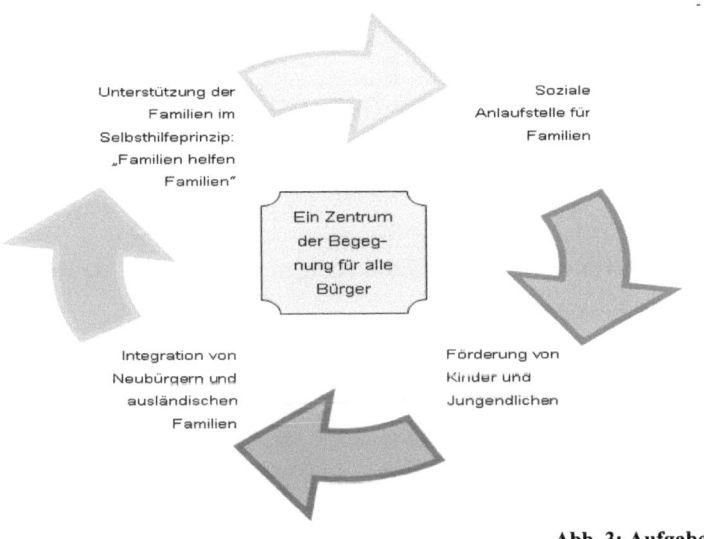

Abb. 3: Aufgaben Familienzentrum

Kommunale Familienpolitik am Beispiel Familienzentrum Poing e.V.

- Familienunterstützende Angebote
- Kinderbetreuung
- Regelmäßige Termine
  - Veranstaltungen und Treffs
  - Sport und Tanz
- Sprachen
- Kreatives, Spiel, Kurs, Workshop
- Familie
- Vorträge und Themenabende
- Umsetzung des Tagesbetreuungsausbaugesetzes (TAG)
  - Betreuung der unter drei- Jährigen von 7- 17 Uhr[19]

Finanzielle Unterstützungen/ Entlastungen von Familien am Beispiel der „Familienkarte Nürnberg"

Familien erhalten Ermäßigungen in vielen Bereichen:
  - Dienstleistungen
  - Einkaufen
  - Essen & Trinken
  - Freizeit, Reisen & Sport
  - Führungen & Rundfahrten
  - Handwerk
  - Kultur & Bildung
  - Rund ums Auto[20]

---

[19] Vgl. Familienzentrum Poing e.V.
[20] Vgl. Familienkarte Nürnberg- Bündnis für Familie

Quellenverzeichnis

Das Familienhandbuch des Staatsinstituts für Frühpädagogik (IFP):
http://www.familienhandbuch.de/cmain/f_Programme/a_Familienpolitik/s
_626.html, verfügbar am 08.09.2010

Dienel, C. (2002): Familienpolitik. Eine praxisorientierte Gesamtdarstellung
der Handlungsfelder und Probleme, Weinheim und München: Juventa

Familienkarte Nürnberg- Bündnis für Familie:
http://www.bff2-nbg.de/cms/Angebote.angebote.0.html
verfügbar am: 10.09.2010

Familienzentrum Poing e.V.:
http://familienzentrum-poing.de/angebote.htm
verfügbar am: 20.08.2010

Hans Böckler Stiftung: http://www.boeckler.de/pdf/p_arbp_048.pdf
verfügbar am: 12.09.2010

Schmidt, N. (Hrsg.) (2006): Handbuch kommunale Familienpolitik, Berlin:
Eigenverlag des Deutschen Vereins für öffentliche
und private Fürsorge o.V.

Kaufmann, F.-X. (1990): Zukunft der Familie. Stabilität, Stabilitätsrisiken und
Wandel der familialen Lebensformen sowie ihre gesellschaftlichen und
politischen Bedingungen. München: Beck

Textor, M. R. (1991).: Familienpolitik. Probleme, Maßnahmen, Forderungen.
München: Bayerische Landeszentrale für politische Bildungsarbeit

Wingen, M. (1997): Familienpolitik. Grundlagen und aktuelle Probleme. Bonn:
Bundeszentrale für politische Bildung